Impressum
Verlag: BABADADA GmbH, Nedderfeld 112 , 22529 Hamburg
Geschäftsführer / Verlagsleitung: Harald Hof
Druck: Books on Demand GmbH, In de Tarpen 42, 22848 Norderstedt

Imprint
Publisher: BABADADA GmbH, Nedderfeld 112 , 22529 Hamburg, Germany
Managing Director / Publishing direction: Harald Hof
Print: Books on Demand GmbH, In de Tarpen 42, 22848 Norderstedt, Germany

Szkoła
escuela

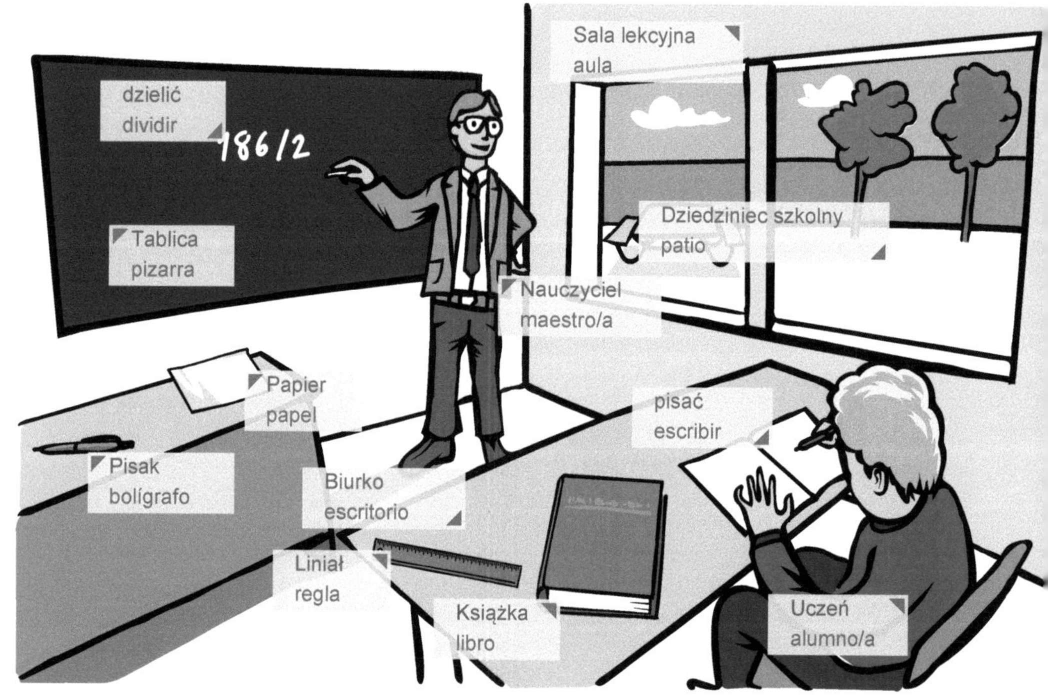

Sala lekcyjna
aula
dzielić
dividir
186/2
Tablica
pizarra
Dziedziniec szkolny
patio
Nauczyciel
maestro/a
Papier
papel
pisać
escribir
Pisak
bolígrafo
Biurko
escritorio
Liniał
regla
Książka
libro
Uczeń
alumno/a

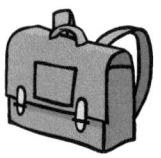

Plecak szkolny
cartera

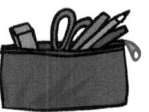

Piórnik
caja de lápices

Ołówek
lápiz

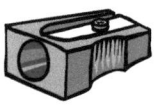

Temperówka
sacapuntas

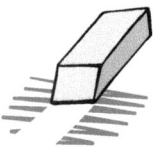

Gumka do mazania
goma de borrar

Blok rysunkowy
cuaderno de dibujo

Rysunek
dibujo

Pędzel
pincel

Pudełko z akwarelami
caja de pinturas

Nożyce
tijeras

Klej
pegamento

Książka do ćwiczenia
cuaderno de ejercicios

Zadanie domowe
deberes

12

Liczba
número

2+2

dodawać
sumar

5-2

odejmować
restar

2×2

mnożyć
multiplicar

liczyć
calcular

Litera
letra

ABCDEFG HIJKLMN OPQRSTU VWXYZ

Alfabet
alfabeto

Słowo
palabra

Tekst

texto

czytać

leer

Kreda

tiza

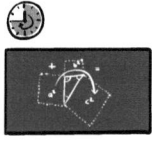

Godzina

lección

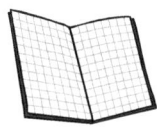

Dziennik lekcyjny

cuaderno de notas

Egzamin

examen

Świadectwo

certificado

Mundurek szkolny

uniforme escolar

Wykształcenie

educación

Leksykon

enciclopedia

Uniwersytet

universidad

Mikroskop

microscopio

Mapa

mapa

Kosz na odpadki

papelera

Podróż
viaje

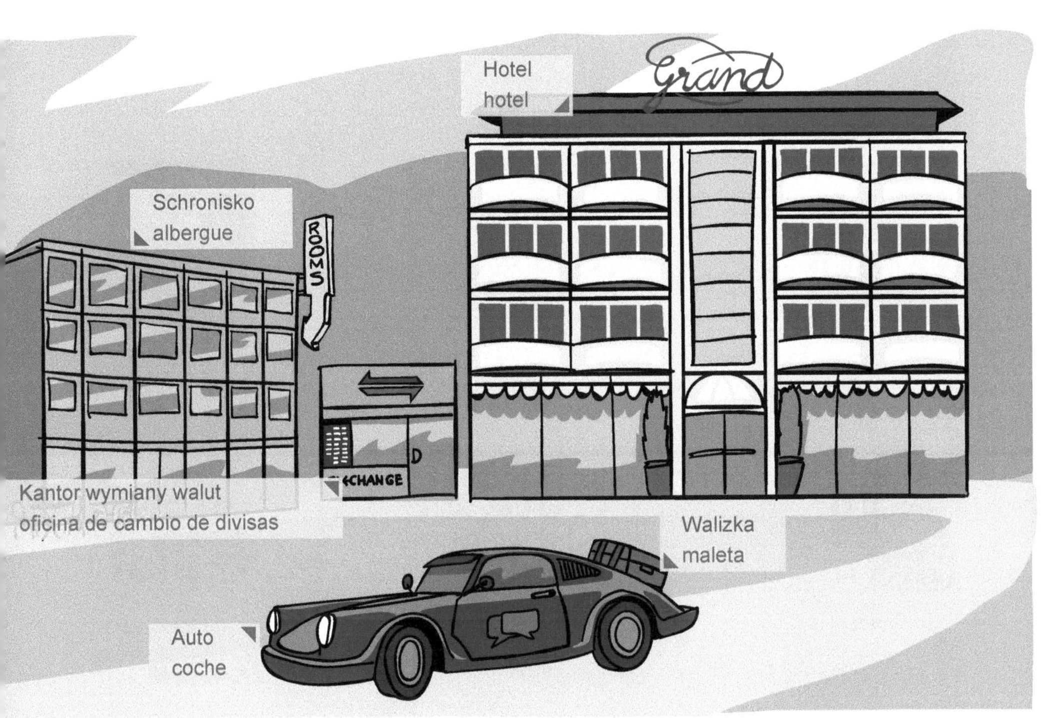

Hotel
hotel
Grand
Schronisko
albergue
ROOMS
EXCHANGE
Kantor wymiany walut
oficina de cambio de divisas
Walizka
maleta
Auto
coche

Język

idioma

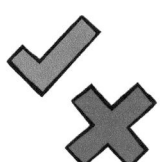

tak / nie

sí / no

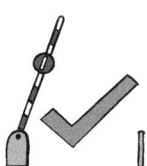

OK

Vale

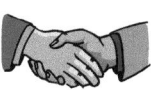

Halo

hola

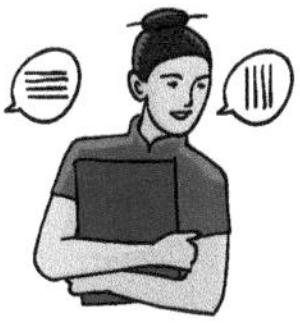

Tłumacz

traductor

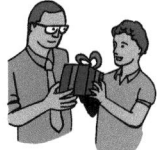

Dziękuję

Gracias

Ile kosztuje ...?

¿cuánto es...?

Nie rozumiem

No entiendo

Problem

problema

Dobry wieczór!

¡Buenas tardes!

Dzień dobry!

¡Buenos días!

Dobranoc!

¡Buenas noches!

Do widzenia

adiós

Kierunek

dirección

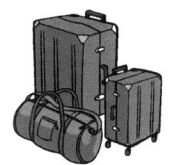

Bagaż

equipaje

Torba

bolsa

Plecak

mochila

Gość

invitado

Pokój

habitación

Śpiwór

saco de dormir

Namiot

tienda de campaña

Informacja turystyczna	Plaża	Karta kredytowa
información turística	playa	tarjeta de crédito

Śniadanie	Obiad	Kolacja
desayuno	almuerzo	cena

Bilet	Winda	Znaczek na list
billete	ascensor	sello

Granica	Cło	Ambasada
frontera	aduana	embajada

Wiza	Paszport
visa	pasaporte

Transport
transporte

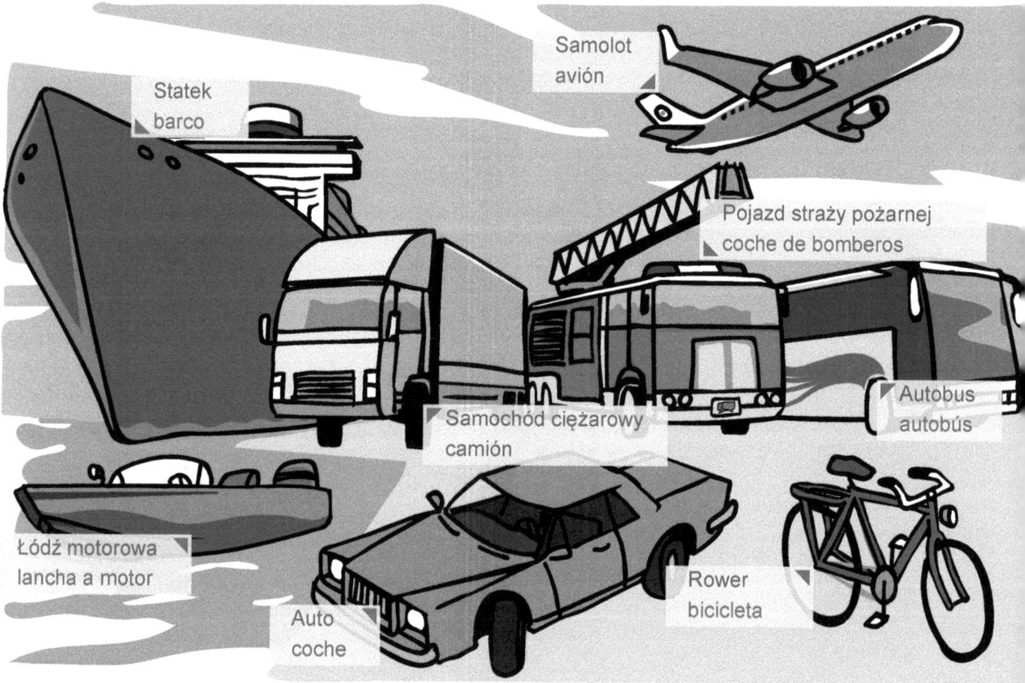
Samolot
avión
Statek
barco
Pojazd straży pożarnej
coche de bomberos
Autobus
autobús
Samochód ciężarowy
camión
Łódź motorowa
lancha a motor
Rower
bicicleta
Auto
coche

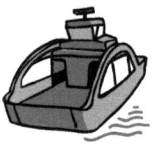

Prom

transbordador

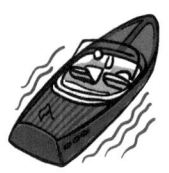

Łódź

barca

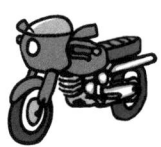

Motocykl

moto

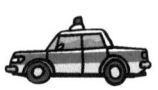

Radiowóz policyjny

coche de policía

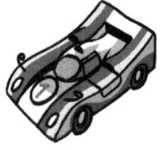

Samochód wyścigowy

coche de carreras

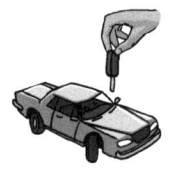

Samochód wypożyczony

coche de alquiler

Wspólne przejazdy
samochodem
préstamo de vehículos

Samochód pomocy
drogowej
grúa

Śmieciarka
camión de la basura

Silnik

motor

Benzyna

gasolina

Stacja benzynowa

gasolinera

Znak drogowy

señal de tráfico

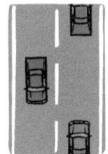

Ruch

tráfico

Korek

atasco

Parking

aparcamiento

Dworzec

estación de tren

Szyny

vías

Pociąg

tren

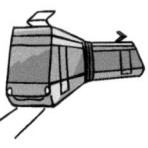

Tramwaj

tranvía

Wagon

vagón

Helikopter

helicóptero

Lotnisko

aeropuerto

Wieża

torre

Pasażer

pasajero

Kontener

contenedor

Karton

caja de cartón

Taczka

carretilla

Kosz

cesta

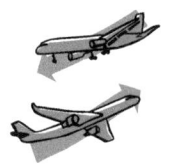

startować / lądować

despegar / aterrizar

Miasto

ciudad

Wieś

pueblo

Centrum miasta

centro de ciudad

Dom

casa

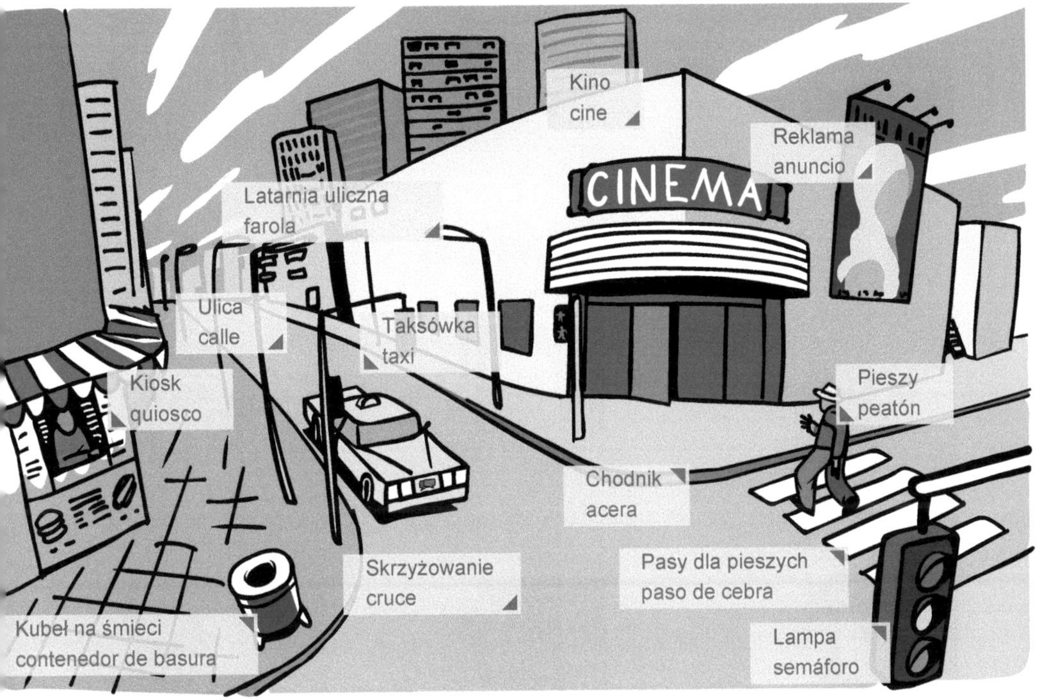

Kino
cine

Reklama
anuncio

Latarnia uliczna
farola

CINEMA

Ulica
calle

Taksówka
taxi

Pieszy
peatón

Kiosk
quiosco

Chodnik
acera

Skrzyżowanie
cruce

Pasy dla pieszych
paso de cebra

Kubeł na śmieci
contenedor de basura

Lampa
semáforo

Chata

cabaña

Mieszkanie

apartamento

Dworzec

estación de tren

Ratusz

ayuntamiento

Muzeum

museo

Szkoła

escuela

Uniwersytet

universidad

Bank

banco

Szpital

hospital

Hotel

hotel

Apteka

farmacia

Biuro

oficina

Księgarnia

librería

Sklep

tienda

Kwiaciarnia

floristería

Supermarket

supermercado

Rynek

mercado

Dom towarowy

grandes almacenes

Sklep z rybami

pescadería

Centrum handlowe

centro comercial

Port

puerto

Park
parque

Ławka
banco

Most
puente

Schody
escaleras

Metro
metro

Tunel
túnel

Przystanek autobusowy
parada de autobús

Bar
bar

Restauracja
restaurante

Skrzynka na listy
buzón

Tabliczka z nazwą ulicy
poste indicador

Parkometr
parquímetro

Zoo
zoo

Łaźnia
piscina

Meczet
mezquita

Gospodarstwo chłopskie
granja

Zanieczyszczenie środowiska
contaminación

Cmentarz
cementerio

Kościół
iglesia

Plac zabaw
patio de juego

Świątynia
templo

Krajobraz
paisaje

Liść
hoja

Drogowskaz
señal

Droga
camino

Łąka
prado

Kamień
piedra

Wędrowiec
excursionista

Drzewo
árbol

Rzeka
río

Trawa
hierba

Kwiat
flor

Dolina	Góra	Jezioro
valle	colina	lago
	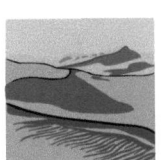	
Las	Pustynia	Wulkan
bosque	desierto	volcán

Zamek	Tęcza	Grzyb
castillo	arcoíris	champiñón

Palma	Komar	Mucha
palmera	mosquito	mosca

Mrówka	Pszczoła	Pająk
hormiga	abeja	araña

Chrząszcz

escarabajo

Żaba

rana

Wiewiórka

ardilla

Jeż

erizo

Zając

liebre

Sowa

lechuza

Ptak

pájaro

Łabędź

cisne

Dzik

jabalí

Jeleń

ciervo

Łoś

alce

Tama

presa

Wiatrak

turbina eólica

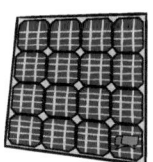

Moduł solarny

panel solar

Klimat

clima

Restauracja
restaurante

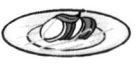

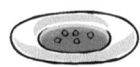

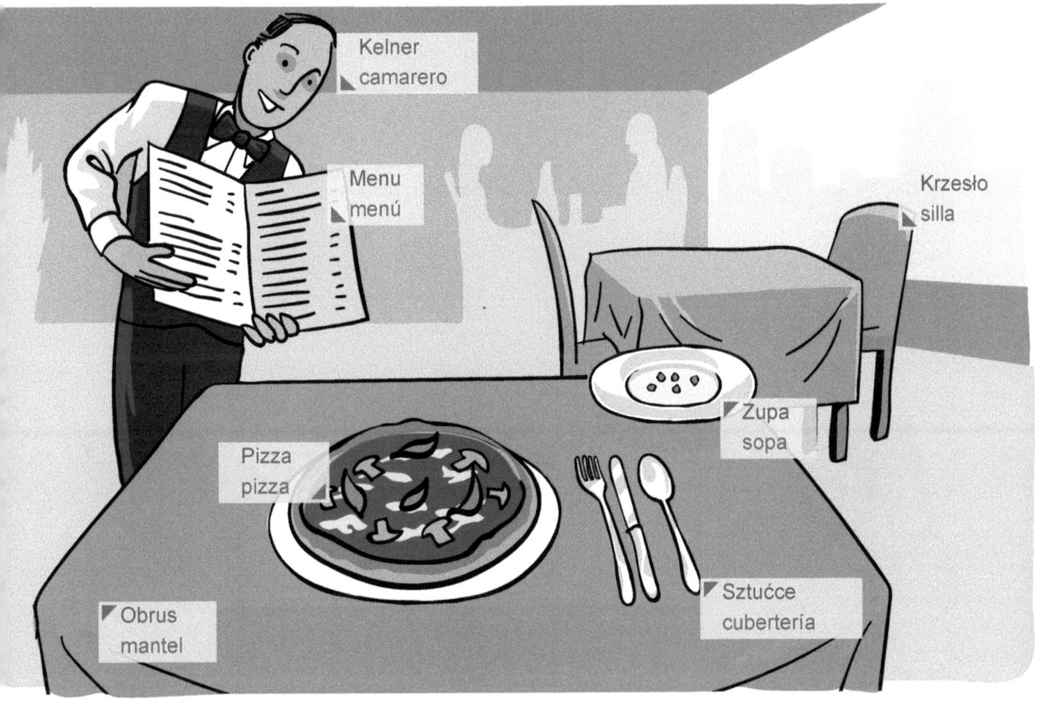

Kelner
camarero
Menu
menú
Krzesło
silla
Zupa
sopa
Pizza
pizza
Sztućce
cubertería
Obrus
mantel

Przystawka

primer plato

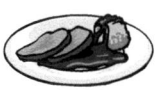

Danie główne

plato principal

Deser

postre

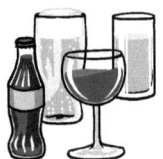

Napoje

bebidas

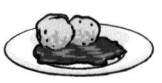

Jedzenie

comida

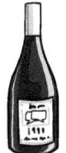

Butelka

botella

Fastfood

comida rápida

Streetfood

comida callejera

Dzbanek na herbatę

tetera

Cukierniczka

azucarero

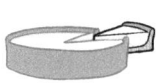

Porcja

porción

Zaparzarka do espresso

cafetera expreso

Krzesło dla dziecka

trona

Rachunek

cuenta

Taca

bandeja

Noż

cuchillo

Widelec

tenedor

Łyżka

cuchara

Łyżeczka

cucharilla

Serwetka

servilleta

Szklanka

vaso

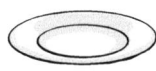

Talerz
....
plato

Talerz do zupy
....
plato hondo

Podstawek pod filiżankę
....
platillo

Sos
....
salsa

Solniczka
....
salero

Młynek do pieprzu
....
molinillo de pimienta

Ocet
....
vinagre

Olej
....
aceite

Przyprawy
....
especias

Keczup
....
ketchup

Musztarda
....
mostaza

Majonez
....
mayonesa

Supermarket
supermercado

Oferta
oferta especial
FOR
Klient
cliente
Produkty mleczne
lácteos
Owoce
fruta
Wózek sklepowy
carro de la compra

BUTCHERS

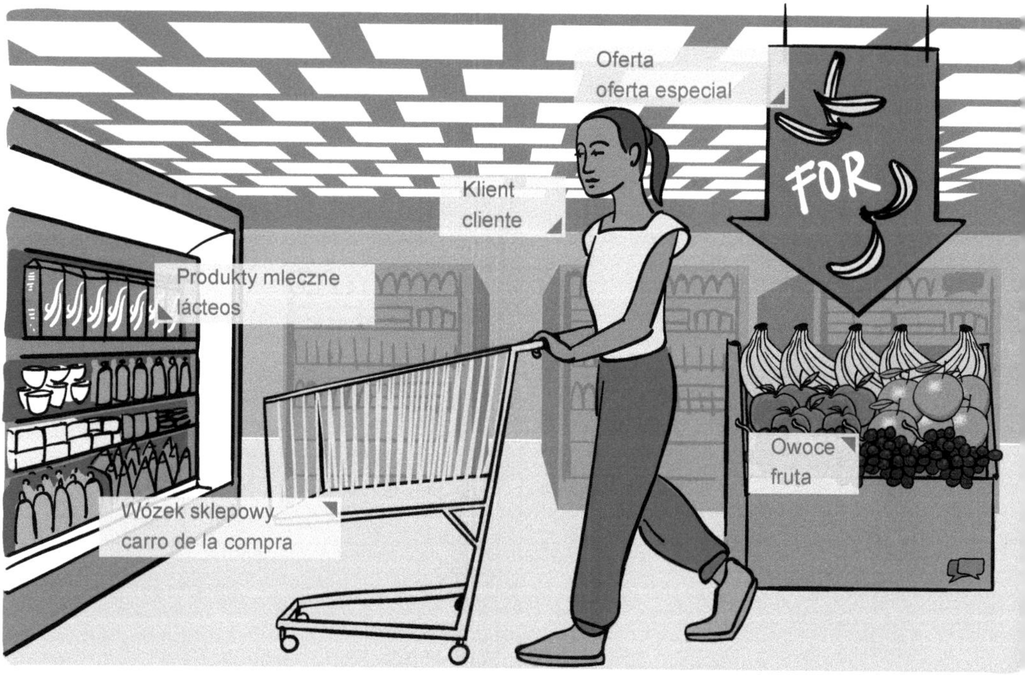

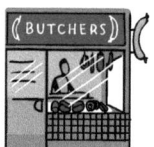

Rzeźnia
carnicería

BAKERY

Piekarnia
panadería

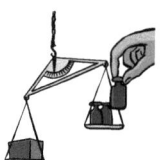

ważyć
pesar

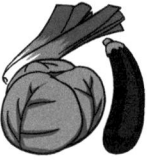

Warzywa
verduras

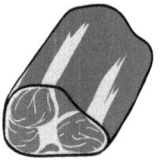

Mięso
carne

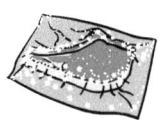

Mrożonki
alimentos congelados

Wędliny

fiambres

Konserwy

conservas

Proszek m do prania

detergente en polvo

Słodycze

dulces

Artykuły użytku domowego

productos de uso doméstico

Środek czyszczący

productos de limpieza

Sprzedawczyni

vendedora

Kasa

caja

Kasjer

cajero

Lista zakupów

lista de la compra

Godziny otwarcia

horario de atención al
público

Portfel

cartera

Karta kredytowa

tarjeta de crédito

Torba

bolsa

Torebka plastikowa

bolsa de plástico

Woda

agua

Sok

zumo

Mleko

leche

Cola

cola

Wino

vino

Piwo

cerveza

Alkohol

alcohol

Kakao

cacao

Herbata

té

Kawa

café

Espresso

expreso

Cappuccino

capuchino

Banan

plátano

Jabłko

manzana

Pomarańcza

naranja

Arbuz

melón

Cytryna

limón

Marchew

zanahoria

Czosnek

ajo

Bambus

bambú

Cebula

cebolla

Grzyb

champiñón

Orzechy

avellanas

Makaron

fideos

Spaghetti

espagueti

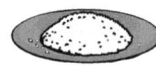

Ryż

arroz

Sałatka

ensalada

Frytki

patatas fritas

Ziemniaki pieczone

patatas fritas

Pizza

pizza

Hamburger

hamburguesa

Kanapka

sándwich

Sznycel

filete

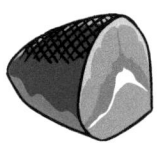

Szynka

jamón

Salami

salami

Kiełbasa

salchicha

Kura

pollo

Pieczeń

asado

Ryba

pescado

Płatki owsiane

copos de avena

Musli

muesli

Płatki kukurydziane

copos de maíz

Mąka

harina

Croissant

cruasán

Bułka

panecillo

Chleb

pan

Toast

tostada

Ciastka

galletas

Masło

mantequilla

Twarożek

cuajada

Ciasto

pastel

Jajko

huevo

Jajko sadzone

huevo frito

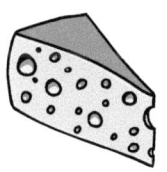

Ser

queso

Lody

helado

Cukier

azúcar

Miód

miel

Marmolada

mermelada

Krem nugatowy

crema de turrón

Curry

curry

Gospodarstwo chłopskie

granja

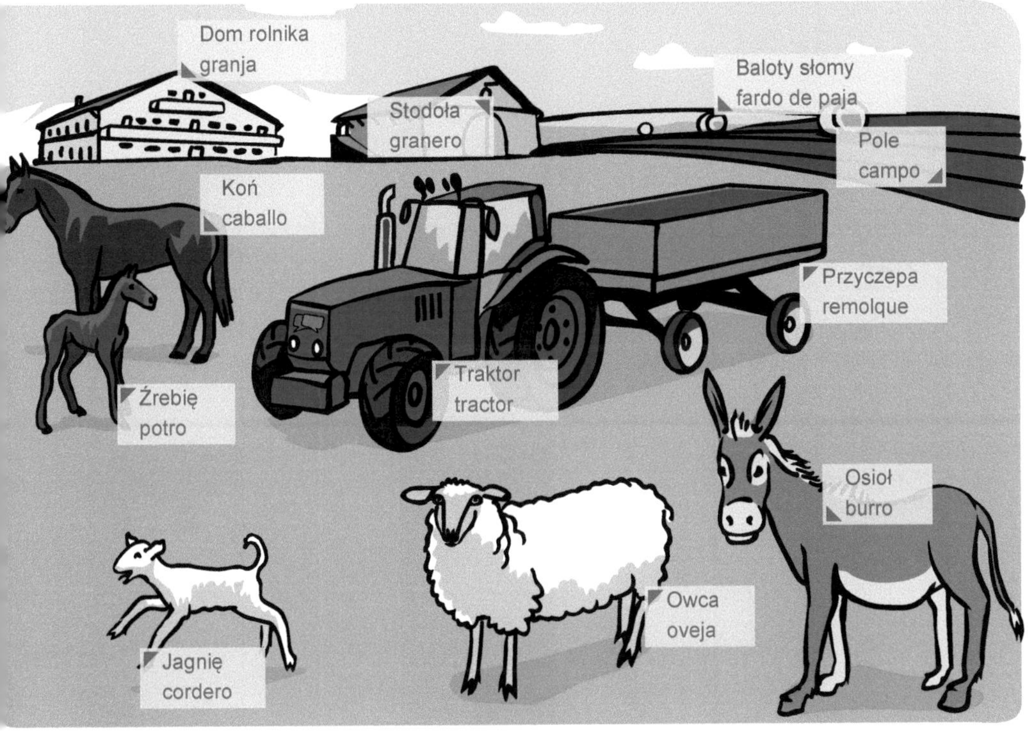

Dom rolnika
granja
Stodoła
granero
Baloty słomy
fardo de paja
Pole
campo
Koń
caballo
Przyczepa
remolque
Traktor
tractor
Źrebię
potro
Osioł
burro
Owca
oveja
Jagnię
cordero

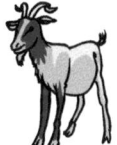

Koza

cabra

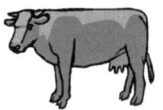

Krowa

vaca

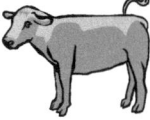

Cielę

ternero

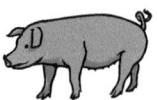

Świnia

cerdo

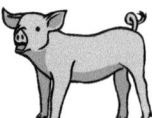

Prosię

cerdito

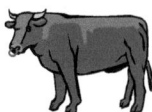

Byk

toro

Gęś

ganso

Kaczka

pato

Kurczątko

pollo

Kura

gallina

Kogut

gallo

Szczur

rata

Kot

gato

Mysz

ratón

Osioł

buey

Pies

perro

Buda dla psa

perrera

Wąż ogrodowy

manguera

Konewka

regadera

Kosa

guadaña

Pług

arado

Sierp

hoz

Graca

azada

Widły

horca

Siekiera

hacha

Taczka

carretilla

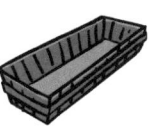

Koryto

abrevadero

Kanka na mleko

lechera

Worek

saco

Płot

valla

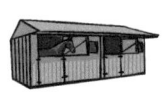

Stajnia

establo

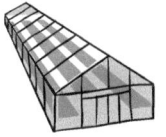

Szklarnia

invernadero

Ziemia

suelo

Nasiona

semilla

Nawóz

fertilizador

Kombajn zbożowy

cosechadora

zbierać

cosechar

Żniwa

cosecha

Podchrzyn

ñame

Pszenica

trigo

Soja

soja

Ziemniak

patata

Kukurydza

maíz

Rzepak

semilla de colza

Drzewo owocowe

árbol frutal

Maniok

mandioca

Zboże

cereales

Dom

casa

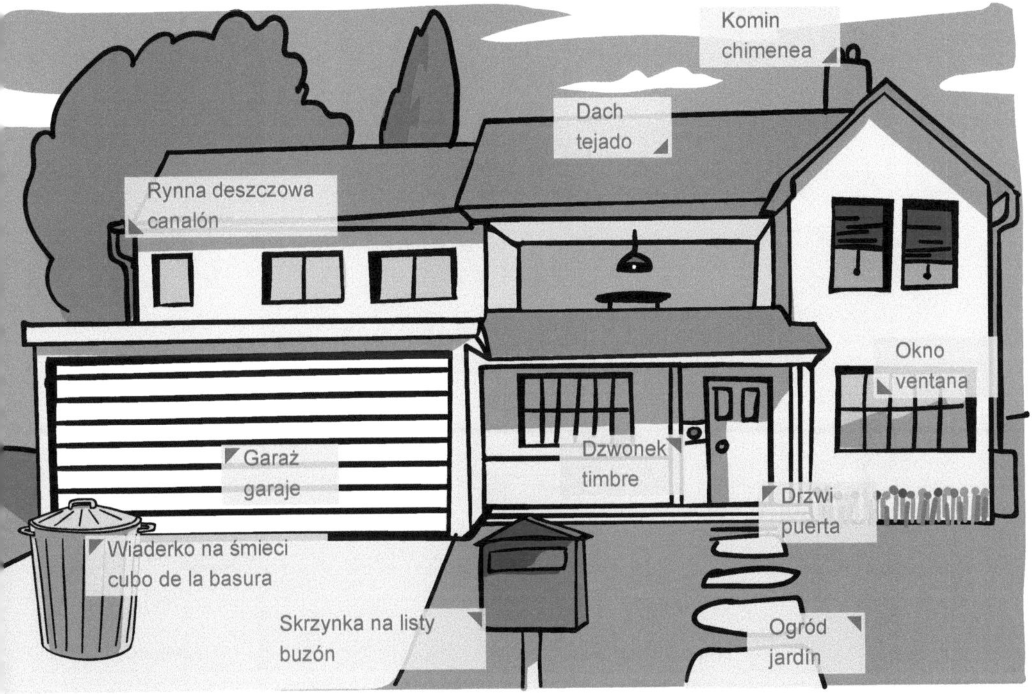

Komin
chimenea
Dach
tejado
Rynna deszczowa
canalón
Okno
ventana
Garaż
garaje
Dzwonek
timbre
Drzwi
puerta
Wiaderko na śmieci
cubo de la basura
Skrzynka na listy
buzón
Ogród
jardín

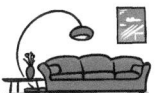

Pokój dzienny

sala

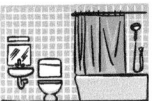

Łazienka

cuarto de baño

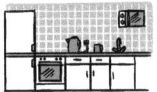

Kuchnia

cocina

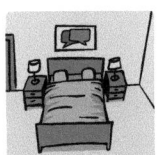

Sypialnia

dormitorio

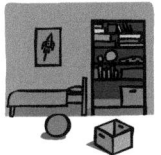

Pokój dziecięcy

habitación de los niños

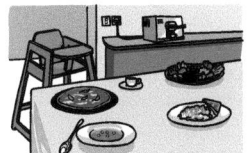

Jadalnia

comedor

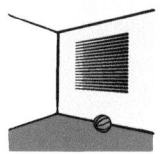

Ziemia

suelo

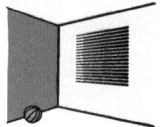

Ściana

pared

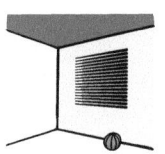

Koc

techo

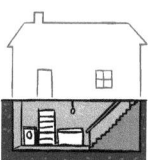

Piwnica

sótano

Sauna

sauna

Balkon

balcón

Taras

terraza

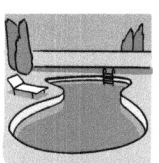

Basen

piscina

Kosiarka do trawy

cortacésped

Poszwa

sábana

Kołdra

colcha

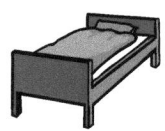

Łóżko

cama

Miotła

escoba

Wiadro

balde

Włącznik

interruptor

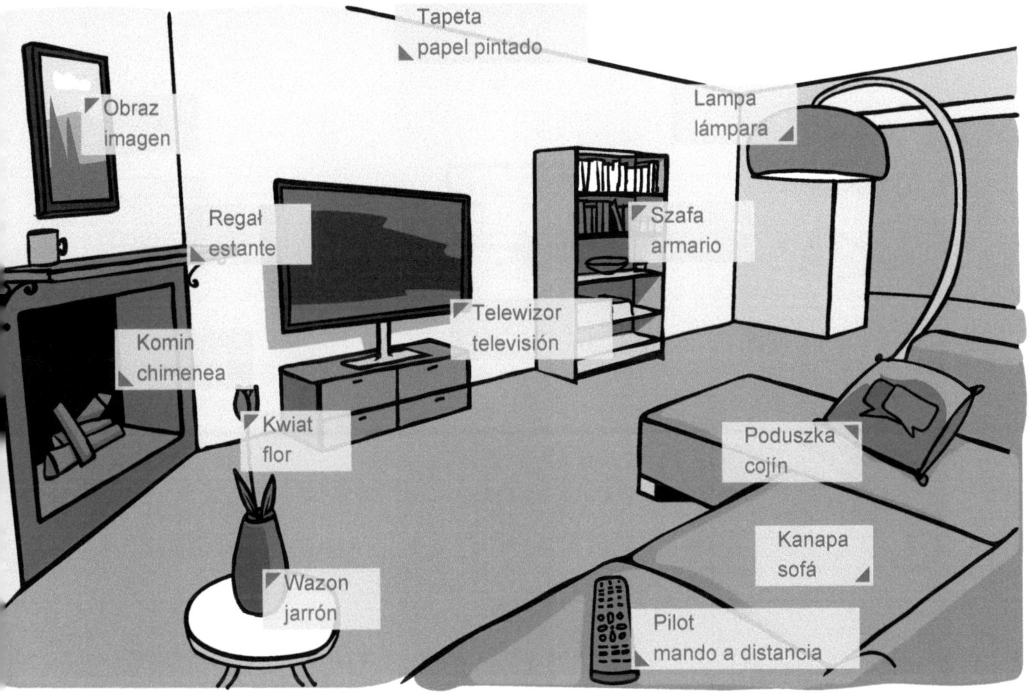

Tapeta
papel pintado

Lampa
lámpara

Obraz
imagen

Regał
estante

Szafa
armario

Komin
chimenea

Telewizor
televisión

Kwiat
flor

Poduszka
cojín

Kanapa
sofá

Wazon
jarrón

Pilot
mando a distancia

Dywan

alfombra

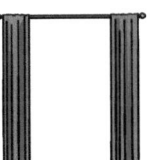

Zasłona

cortina

Stół

mesa

Krzesło

silla

Bujak

mecedora

Fotel

butaca

Książka

libro

Sufit

manta

Dekoracja

decoración

Drewno kominkowe

leña

Film

película

Instalacja stereo

equipo de música

Klucz

llave

Gazeta

periódico

Malunek

pintura

Plakat

póster

Radio

radio

Notatnik

cuaderno

Odkurzacz

aspiradora

Kaktus

cactus

Świeczka

vela

Kuchnia
cocina

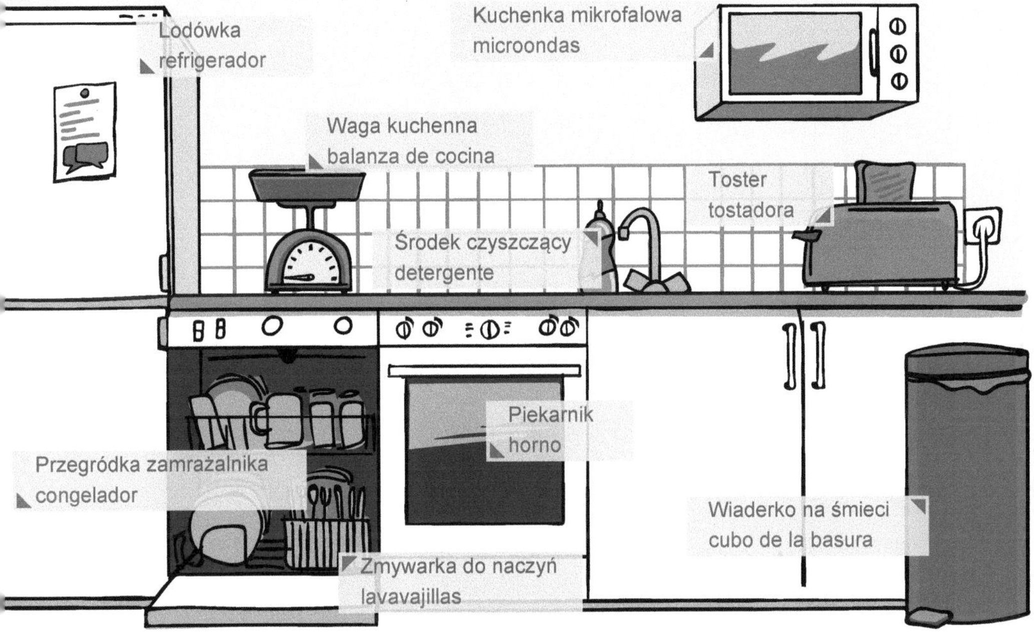

Lodówka
refrigerador
Kuchenka mikrofalowa
microondas
Waga kuchenna
balanza de cocina
Toster
tostadora
Środek czyszczący
detergente
Piekarnik
horno
Przegródka zamrażalnika
congelador
Wiaderko na śmieci
cubo de la basura
Zmywarka do naczyń
lavavajillas

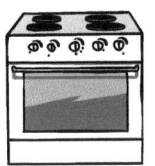

Kuchenka

olla a presión

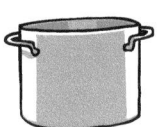

Garnek

olla

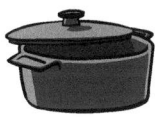

Kocioł żeliwny

olla de hierro fundido

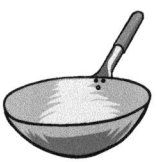

Wok / Kadai

wok / karahi

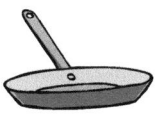

Patelnia

cazuela

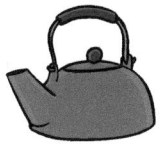

Czajnik

hervidor

Parowar

vaporera

Blacha do pieczenia

chapa de horno

Naczynia kuchenne

vajilla

Kubek

taza

Miska

tazón

Pałeczki

palillos

Nabierka

cucharón

Łopatka do smażenia

espumadera

Trzepaczka do śmietany

batidor

Cedzak

colador

Sitko

cedazo

Tarka

rallador

Moździerz

mortero

Grillowanie

barbacoa

Palenisko

hoguera

Deska

tabla de picar

Wałek do ciasta

rodillo

Korkociąg

sacacorchos

Puszka

lata

Otwieracz do puszek

abrelatas

Ściereczka do trzymania garnka

agarrador

Umywalka

lavabo

Szczotka

cepillo

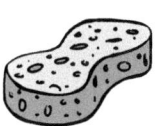

Gąbka

esponja

Mikser

batidora

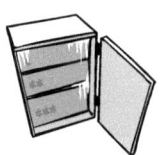

Zamrażarka

congelador

Butelka dla niemowlęcia

biberón

Kran

grifo

Łazienka
cuarto de baño

Ogrzewanie
calefacción
Ręcznik
toalla
Prysznic
ducha
Kotara prysznicowa
cortina de la ducha
Płyn do kąpieli
baño de espuma
Wanna kąpielowa
bañera
Szklanka
vaso
Pralka
lavadora
Kran
grifo
Kafelki
baldosas
Nocnik
orinal
Umywalka
lavabo

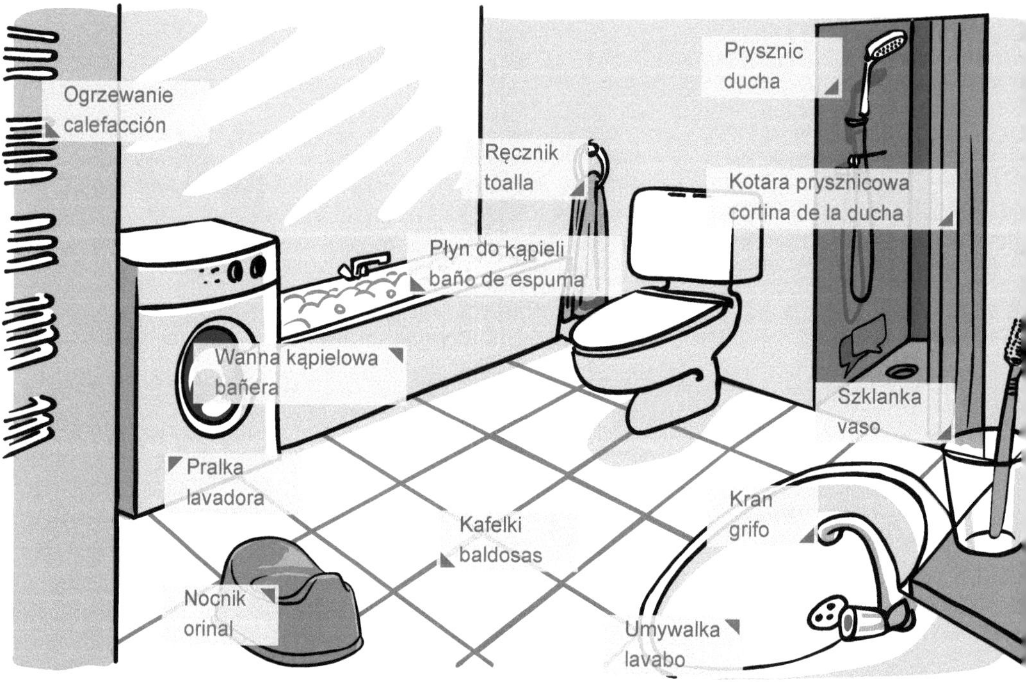

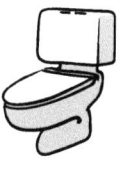

Toaleta
inodoro

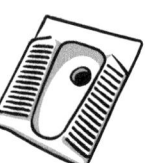

Toaleta kuczna
inodoro rústico

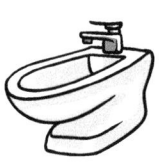

Bidet
bidé

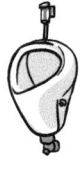

Pisuar
urinario

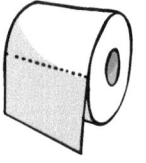

Papier toaletowy
papel higiénico

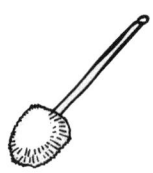

Szczotka toaletowa
escobilla del váter

Szczoteczka do zębów

cepillo de dientes

Pasta do zębów

pasta de dientes

Nitki do czyszczenia zębów

hilo dental

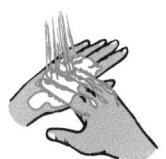

myć

lavar

Głowica prysznicowa

ducha de mano

Płyn kąpielowy do higieny intymnej

ducha íntima

Miska do mycia

pila

Szczotka kąpielowa

cepillo de espalda

Mydło

jabón

Żel prysznicowy

gel de ducha

Szampon

champú

Rękawica kąpielowa

toallita

Odpływ

desagüe

Krem

crema

Dezodorant

desodorante

Lustro

espejo

Lustro kosmetyczne

espejo de tocador

Golarka

maquinilla de afeitar

Pianka do golenia

espuma de afeitar

Woda po goleniu

loción postafeitado

Grzebień

peine

Szczotka

cepillo

Suszarka do włosów

secador

Spray do włosów

laca

Makijaż

maquillaje

Pomadka

pintalabios

Lakier do paznokci

pintauñas

Wata

algodón

Nożyczki do paznokci

cortauñas

Perfum

perfume

Kosmetyczka

estuche de viaje

Taboret

banqueta

Waga

balanza

Szlafrok kąpielowy

albornoz

Rękawice gumowe

guantes de goma

Tampon

tampón

Podpaska damska

compresa

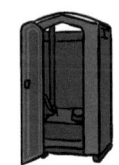

Toaleta chemiczna

inodoro químico

Pokój dziecięcy
habitación de los niños

Budzik
despertador
Pluszowa przytulanka
peluche
Samochodzik
coche de juguete
Grzechotka
sonajero
Domek dla lalek
casa de muñecas
Prezent
regalo

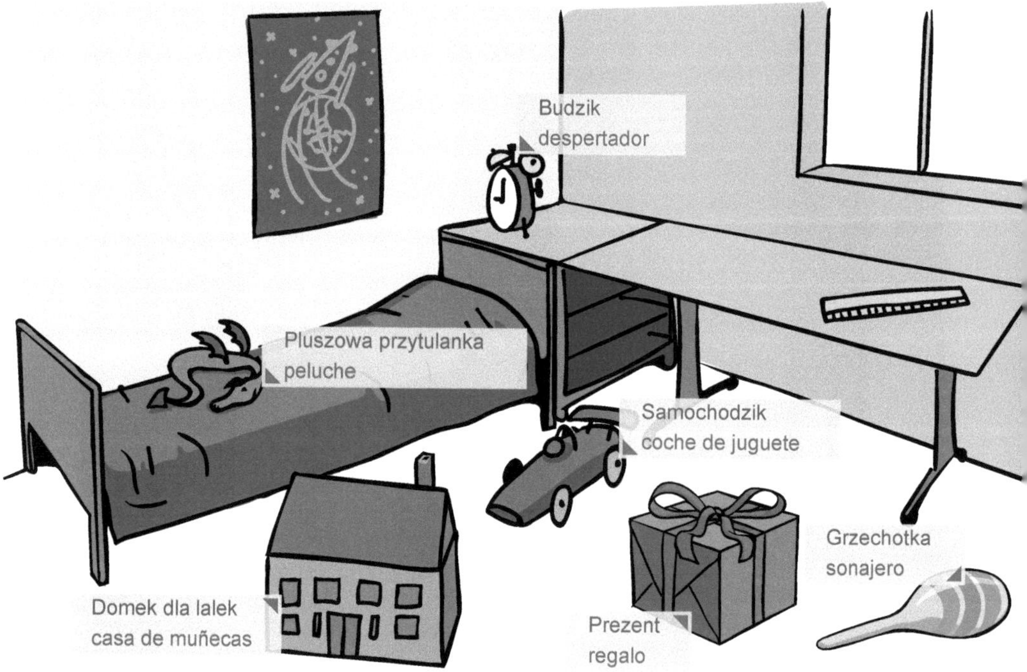

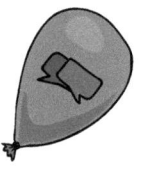

Balon
globo

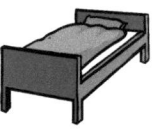

Łóżko
cama

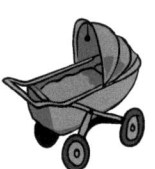

Wózek dziecięcy
coche de niño

Gra w karty
naipes

Puzzle
puzle

SUPER
MEGA

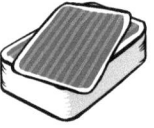

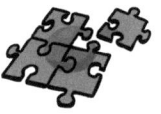

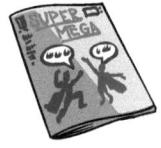

Komiks
tebeo

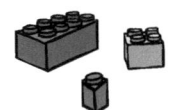

Klocki lego

piezas de lego

Klocki

bloques de juguete

Action figura

figura de acción

Śpioszek dziecięcy

bodi (de bebé)

Frisbee

frisbee

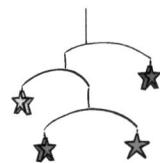

Zabawki ruchome

colgador móvil para bebés

Gra planszowa

juego de mesa

Kości

dados

Kolejka elektryczna

circuito de tren eléctrico

Smoczek

maniquí

Przyjęcie

fiesta

Książka z ilustracjami

álbum de fotos

Piłka

pelota

Lalka

muñeca

bawić się

jugar

Piaskownica

cajón de arena

Huśtawka

columpio

Zabawki

juguetes

Konsola do gier

videoconsola

Rowerek trójkołowy

triciclo

Pluszowy miś

oso de peluche

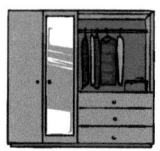

Szafa ubraniowa

guardarropa

Ubiór

ropa

Skarpety

calcetines

Pończochy

medias

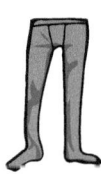

Rajstopy

leotardos

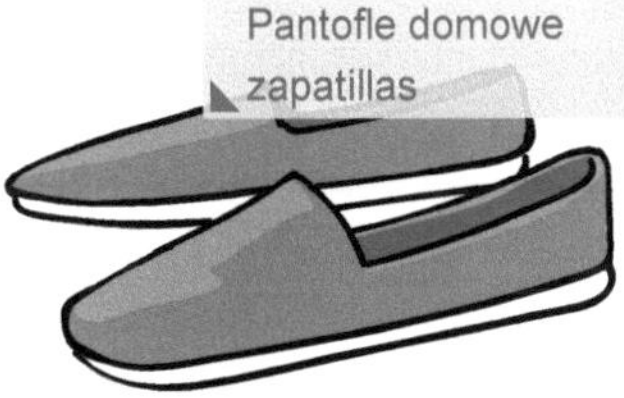

Szal
bufanda

Parasol
paraguas

T-Shirt
camiseta

Pasek
cinturón

Kozaki
botas

Pantofle domowe
zapatillas

Obuwie sportowe
deportivas

Sandały
....
sandalias

Buty
....
zapatos

Kalosze
....
botas de goma

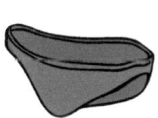

Majtki
....
slip

Biustonosz
....
sostén

Podkoszulek
....
chaleco

Ubiór - ropa

45

Body

bodi

Spodnie

pantalones

Dżins

vaqueros

Spódnica

falda

Bluzka

blusa

Koszula

camisa

Pulower

jersey

Bluza sportowa

suéter

Marynarka

blazer

Kurtka

chaqueta

Płaszcz

abrigo

Płaszcz przeciwdeszczowy

gabardina

Kostium

traje

Sukienka

vestido

Suknia ślubna

vestido de novia

Garnitur męski

traje

Koszula nocna

camisón

Piżama

pijama

Sari

sari

Chusta na głowę

bandana

Turban

turbante

Burka

burka

Kaftan

caftán

Abaya

abaya

Strój kąpielowy

traje de baño

Kąpielówki

bañador

Krótkie spodnie

pantalones cortos

Dres sportowy

chándal

Fartuch

delantal

Rękawiczki

guantes

Guzik

botón

Okulary

gafas

Bransoletka

brazalete

Łańcuszek

collar

Pierścionek

anillo

Kolczyk

pendiente

Czapka

gorra

Wieszak

percha

Kapelusz

sombrero

Krawat

corbata

Zamek błyskawiczny

cremallera

Kask

casco

Szelki

tirantes

Mundurek szkolny

uniforme escolar

Mundur

uniforme

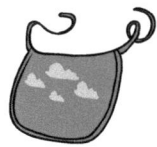

Śliniaczek

babero

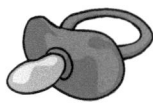

Smoczek

maniquí

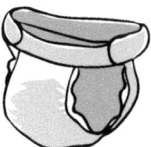

Pieluszka

pañal

Biuro
oficina

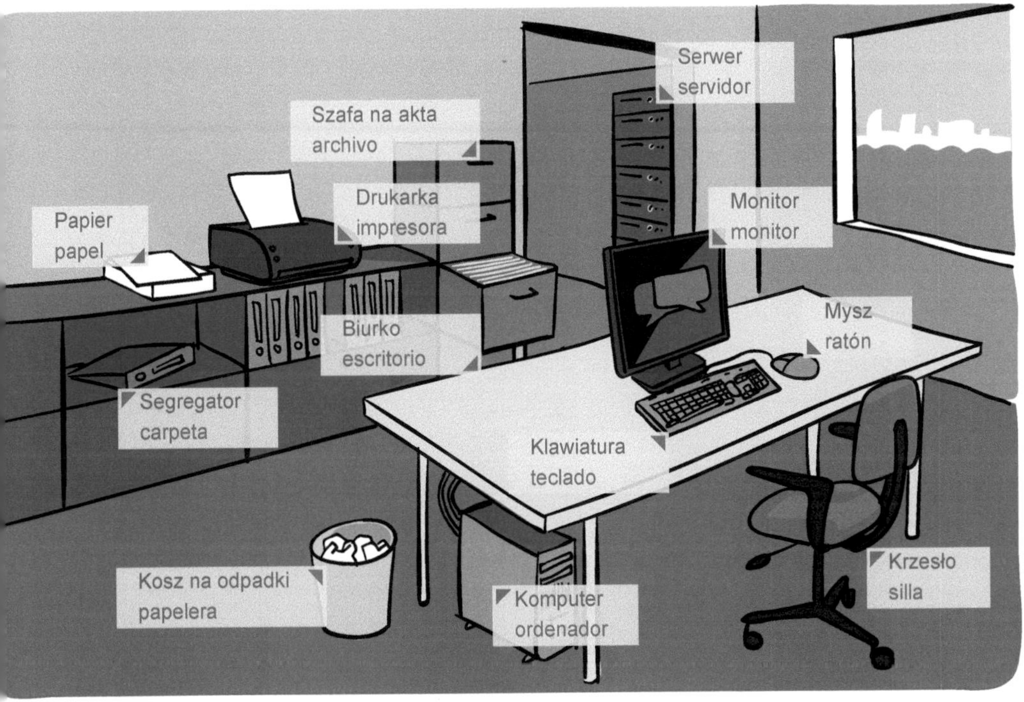

Serwer servidor
Szafa na akta archivo
Drukarka impresora
Papier papel
Monitor monitor
Mysz ratón
Biurko escritorio
Segregator carpeta
Klawiatura teclado
Kosz na odpadki papelera
Komputer ordenador
Krzesło silla

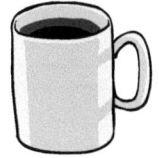

Filiżanka do kawy

taza de café

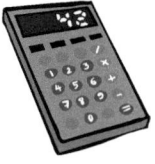

Kalkulator

calculadora

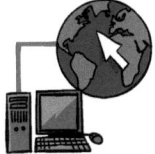

Internet

internet

Laptop

portátil

List

carta

Wiadomość

mensaje

Komórka

móvil

Sieć

red

Kopiarka

fotocopiadora

Oprogramowanie

software

Telefon

teléfono

Gniazdko

toma de corriente

Faks

fax

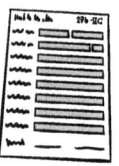

Formularz

formulario

Dokument

documento

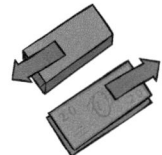

kupić

comprar

płacić

pagar

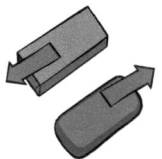

postępować

comerciar

Pieniądze

dinero

 **USD**

Dolar

dólar

 **EUR**

Euro

euro

JPY

Jen

yen

RUB

Rubel

rublo

CHF

Frank

franco suizo

CNY

Juan Renminbi

renminbi yuan

INR

Rupia

rupia

Bankomat

cajero automático

Kantor wymiany walut

oficina de cambio de divisas

Złoto

oro

Srebro

plata

Olej

petróleo

Energia

energía

Cena

precio

Umowa

contrato

Podatek

impuesto

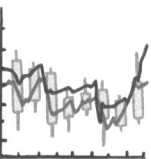

Akcja

acción

pracować

trabajar

Pracownik umysłowy

empleado

Pracodawca

empleador

Fabryka

fábrica

Sklep

tienda

Zawody
oficios

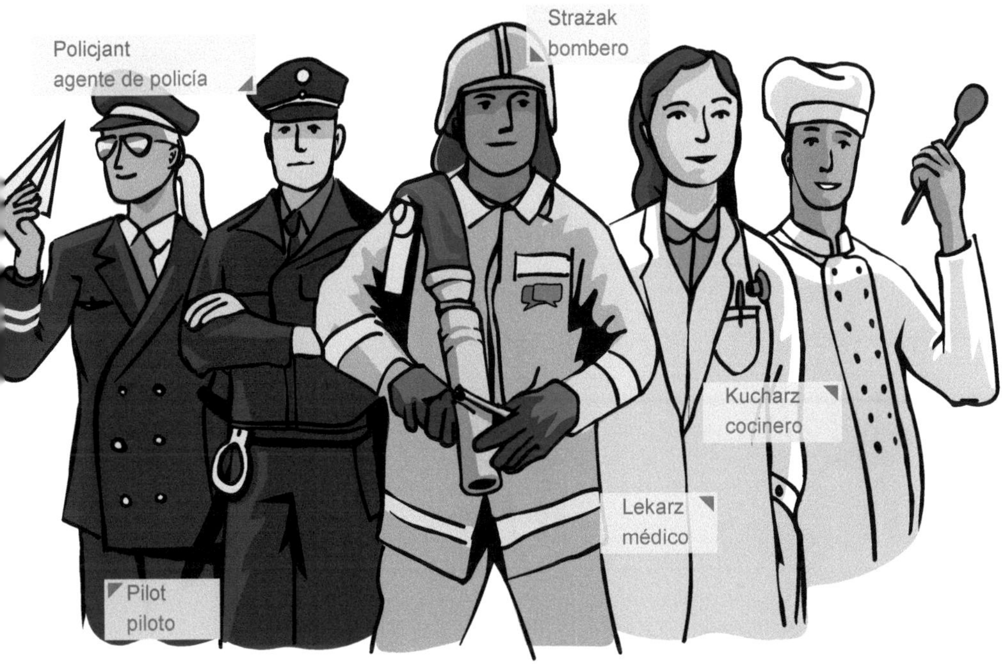

Strażak
bombero
Policjant
agente de policía
Kucharz
cocinero
Lekarz
médico
Pilot
piloto

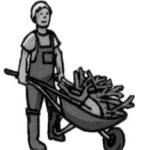

Ogrodnik

jardinero

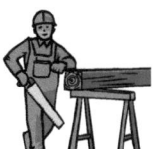

Stolarz

carpintero

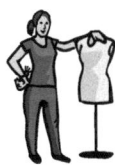

Krawcowa

costurera

Sędzia

juez

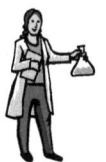

Chemik

farmacéutico

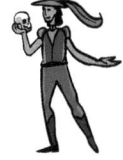

Aktor

actor

Kierowca autobusu

conductor de autobús

Taksówkarz

taxista

Fischer

pescador

Sprzątaczka

señora de la limpieza

Dekarz

techador

Kelner

camarero

Myśliwy

cazador

Malarz

pintor

Piekarz

panadero

Elektryk

electricista

Robotnik budowlany

obrero

Inżynier

ingeniero

Rzeźnik

carnicero

Instalator

fontanero

Listonosz

cartero

Żołnierz

soldado

Architekt

arquitecto

Kasjer

cajero

Florysta

florista

Fryzjer

peluquero

Konduktor

revisor

Mechanik

mecánico

Kapitan

capitán

Dentysta

dentista

Naukowiec

científico

Rabin

rabino

Imam

imán

Mnich

monje

Proboszcz

sacerdote

Narzędzia
herramientas

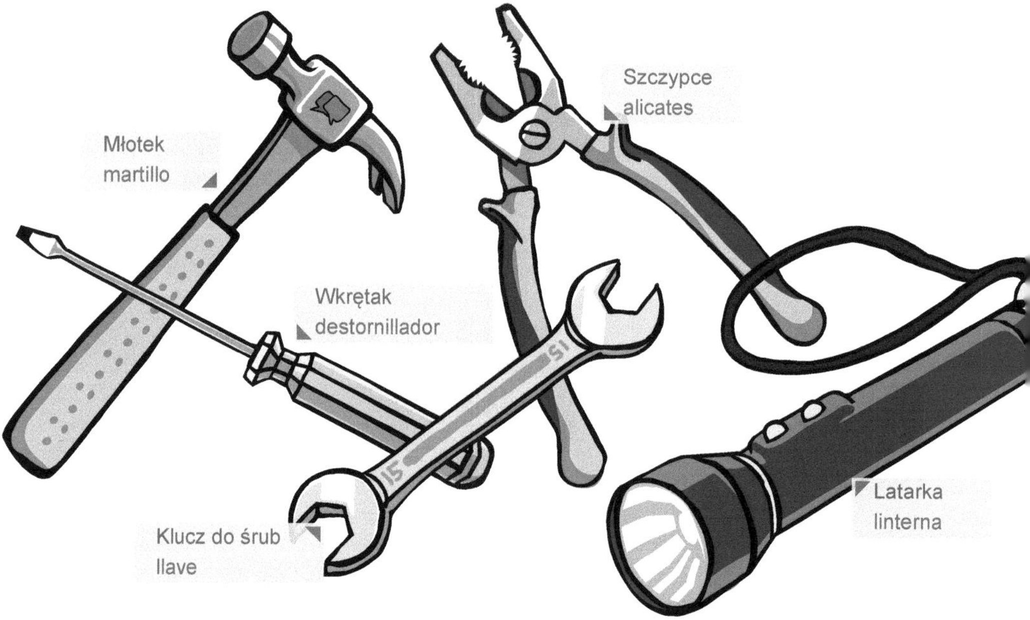

Młotek
martillo

Szczypce
alicates

Wkrętak
destornillador

Klucz do śrub
llave

Latarka
linterna

Koparka

excavadora

Skrzynka narzędziowa

caja de herramientas

Drabina

escalera de mano

Piła

sierra

Gwoździe

clavos

Wiertło

taladro

naprawić
reparar

Łopatka
pala

Cholera!
¡Maldita sea!

Szufelka
recogedor

Puszka z farbą
bote de pintura

Śruby
tornillos

Instrumenty muzyczne
instrumentos musicales

Głośnik
altavoz

Perkusja
bateria

Gitara
guitarra

Kontrabas
contrabajo

Trąbka
trompeta

Pianino

piano

Skrzypce

violín

Bas

bajo

Kotły

timbales

Bęben

tambor

Keyboard

teclado

Saksofon

saxofón

Flet

flauta

Mikrofon

micrófono

Zoo

zoo

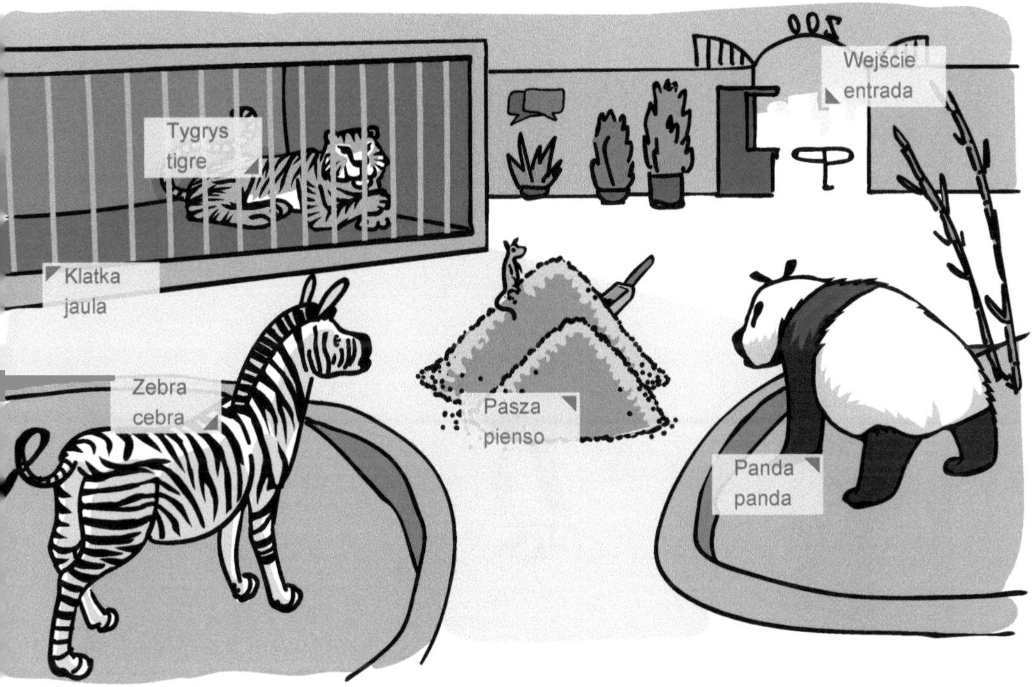
Tygrys
tigre
Wejście
entrada
Klatka
jaula
Zebra
cebra
Pasza
pienso
Panda
panda

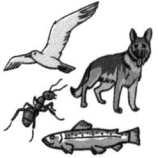

Zwierzęta

animales

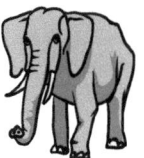

Słoń

elefante

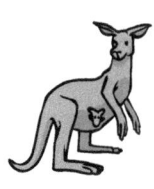

Kangur

canguro

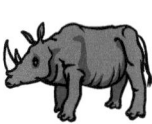

Nosorożec

rinoceronte

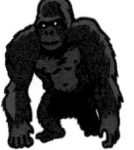

Goryl

gorila

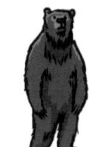

Niedźwiedź

oso

Wielbłąd

camello

Struś

avestruz

Lew

león

Małpa

mono

Fleming

flamingo

Papuga

loro

Niedźwiedź polarny

oso polar

Pingwin

pingüino

Rekin

tiburón

Paw

pavo real

Wąż

serpiente

Krokodyl

cocodrilo

Dozorca w zoo

guardián de zoológico

Foka

foca

Jaguar

jaguar

Kucyk

poni

Gepard

leopardo

Hipopotam

hipopótamo

Żyrafa

jirafa

Orzeł

águila

Dzik

jabalí

Ryba

pescado

Żółw

tortuga

Mors

morsa

Lis

zorro

Gazela

gacela

Zoo - zoo

Futbol amerykański
fútbol americano

Kolarstwo
ciclismo

Tenis
tenis

Koszykówka
baloncesto

Pływanie
natación

Boks
boxeo

Hokej na lodzie
hockey sobre hielo

Piłka nożna
....
fútbol

Badminton
....
bádminton

Lekka atletyka
....
atletismo

Piłka ręczna
....
balonmano

Narciarstwo
....
esquí

Polo
....
polo

Działania
actividades

śmiać się
reír
skakać
saltar
objąć
abrazar
iść
caminar
śpiewać
cantar
marzyć
soñar
modlić się
rezar
całować
besar

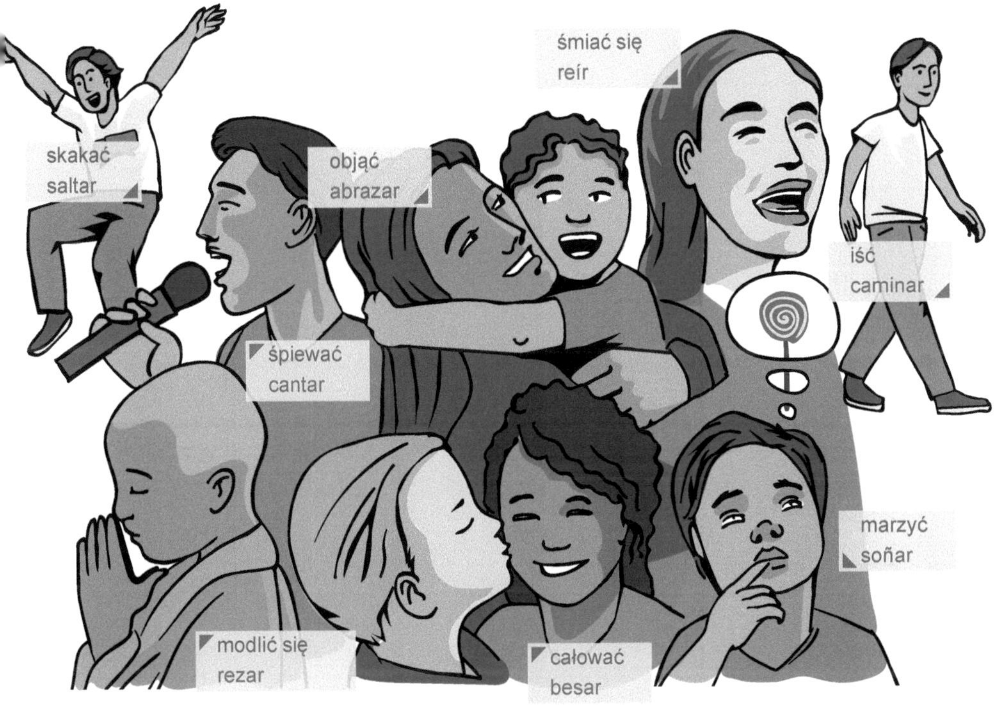

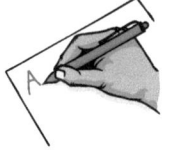

pisać

escribir

rysować

dibujar

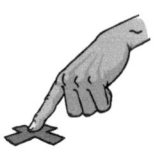

pokazywać

mostrar

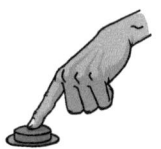

nacisnąć

empujar

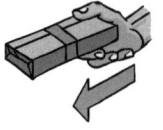

dać

dar

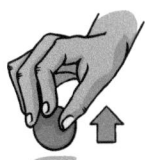

wziąć

tomar

mieć
....
tener

robić
....
hacer

być
....
ser

stać
....
estar de pie

biegać
....
correr

ciągnąć
....
tirar

rzucać
....
tirar

spaść
....
caer

leżeć
....
yacer

czekać
....
esperar

nosić
....
llevar

siedzieć
....
estar sentado

zakładać
....
vestirse

spać
....
dormir

budzić się
....
despertar

spojrzeć

mirar

płakać

llorar

głaskać

acariciar

czesać się

peinar

mówić

hablar

rozumieć

entender

pytać

preguntar

słyszeć

escuchar

pić

beber

jeść

comer

sprzątać

ordenar

kochać

amar

gotować

cocinar

jechać

conducir

latać

volar

żeglować

navegar

liczyć

calcular

czytać

leer

uczyć się

aprender

pracować

trabajar

wejść w związek małżeński

casarse

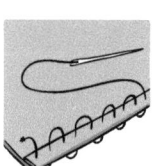

szyć

coser

myć zęby

cepillarse los dientes

zabić

matar

palić tytoń

fumar

wysłać

enviar

Rodzina
familia

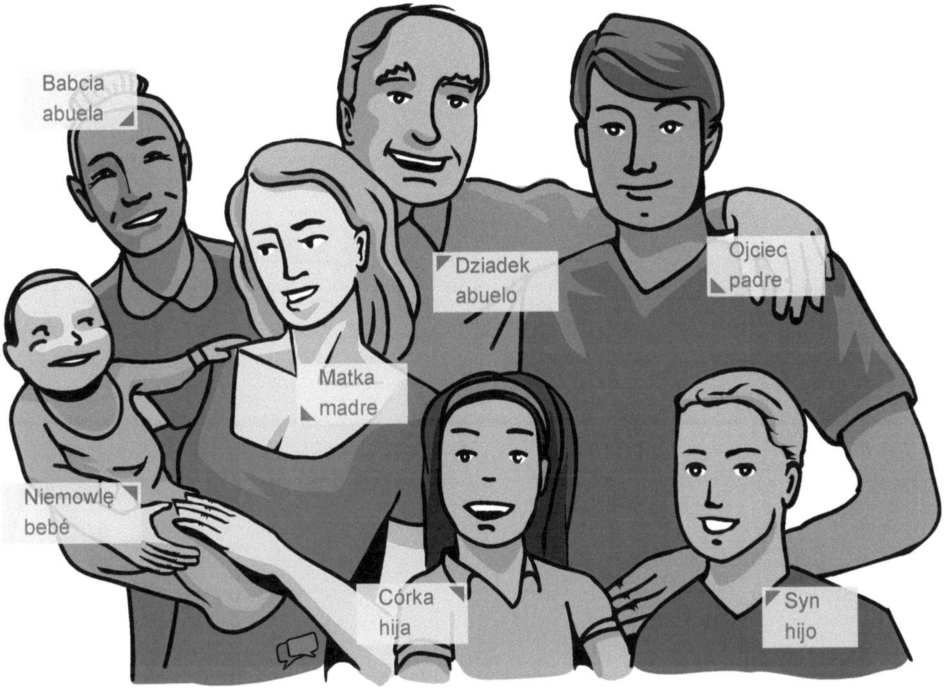
Babcia
abuela
Dziadek
abuelo
Ojciec
padre
Matka
madre
Niemowlę
bebé
Córka
hija
Syn
hijo

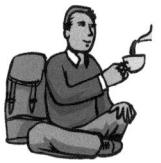

Gość

invitado

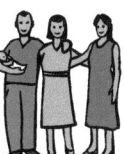

Ciotka

tía

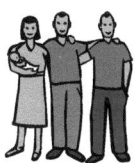

Wujek

tío

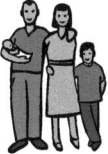

Brat

hermano

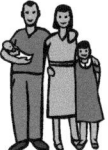

Siostra

hermana

Ciało

cuerpo

Czoło
frente
Oko
ojo
Ramię
hombro
Palec
dedo
Twarz
cara
Broda
barbilla
Ręka
mano
Noga
pierna
Pierś
pecho
Ramię
brazo

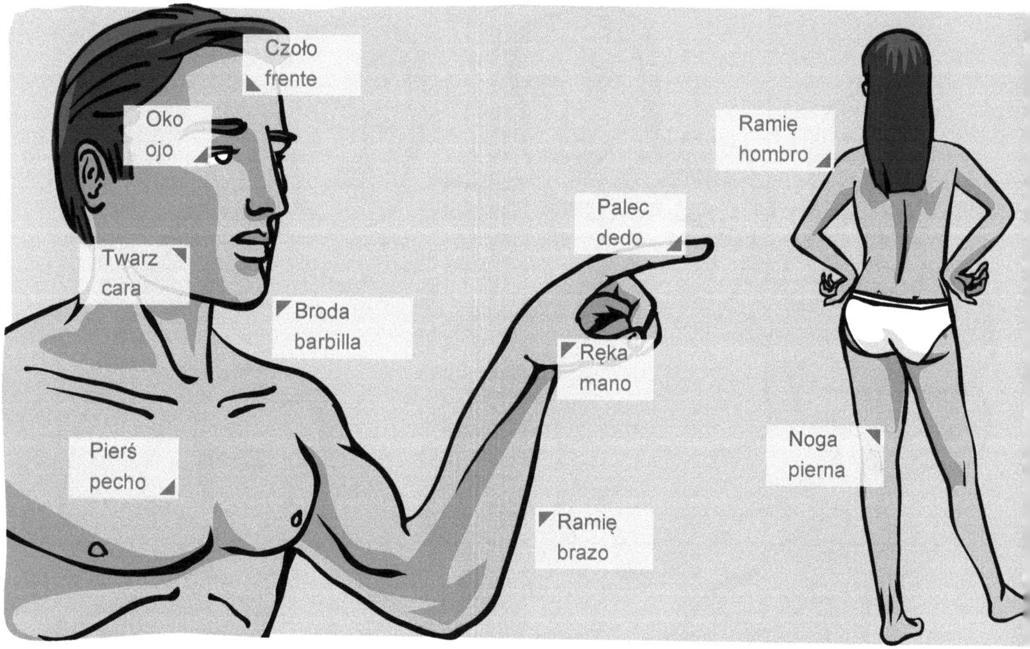

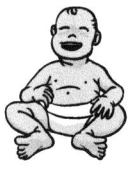

Niemowlę

bebé

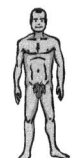

Mężczyzna

hombre

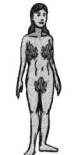

Kobieta

mujer

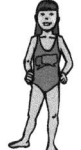

Dziewczyna

chica

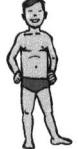

Chłopiec

chico

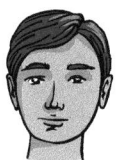

Głowa

cabeza

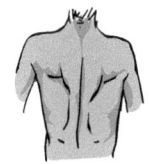

Plecy

espalda

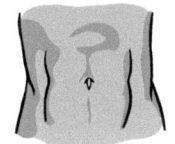

Brzuch

vientre

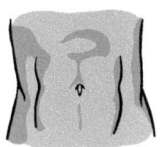

Pępek

ombligo

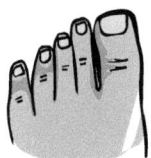

palec nogi

dedo del pie

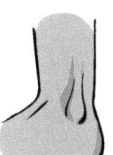

Pięta

talón

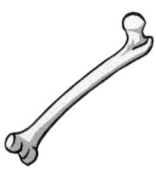

Kość

hueso

Biodro

cadera

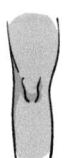

Kolano

rodilla

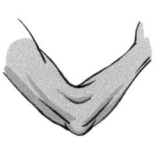

Łokieć

codo

Nos

nariz

Pośladki

trasero

Skóra

piel

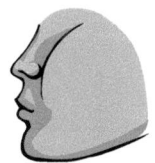

Policzek

mejilla

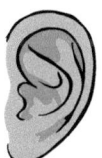

Uszy

oído

Warga

labio

Ciało - cuerpo

Usta

boca

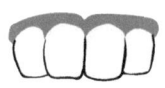

Ząb

diente

Język

lengua

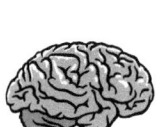

Mózg

cerebro

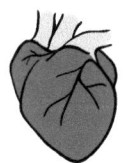

Serce

corazón

Mięsień

músculo

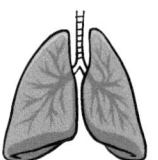

Płuca

pulmón

Wątroba

hígado

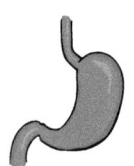

Żołądek

estómago

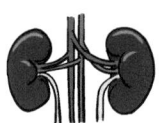

Nerki

riñones

Stosunek płciowy

sexo

Kondom

condón

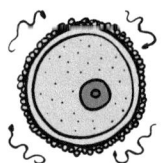

Komórka jajowa

ovario

Sperma

semen

Ciąża

embarazo

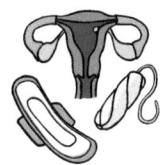

Menstruacja

menstruación

Wagina

vagina

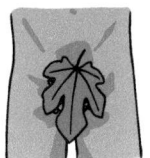

Penis

pene

Brew

ceja

Włosy

pelo

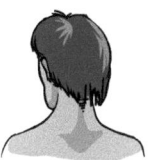

Szyja

cuello

Szpital
hospital

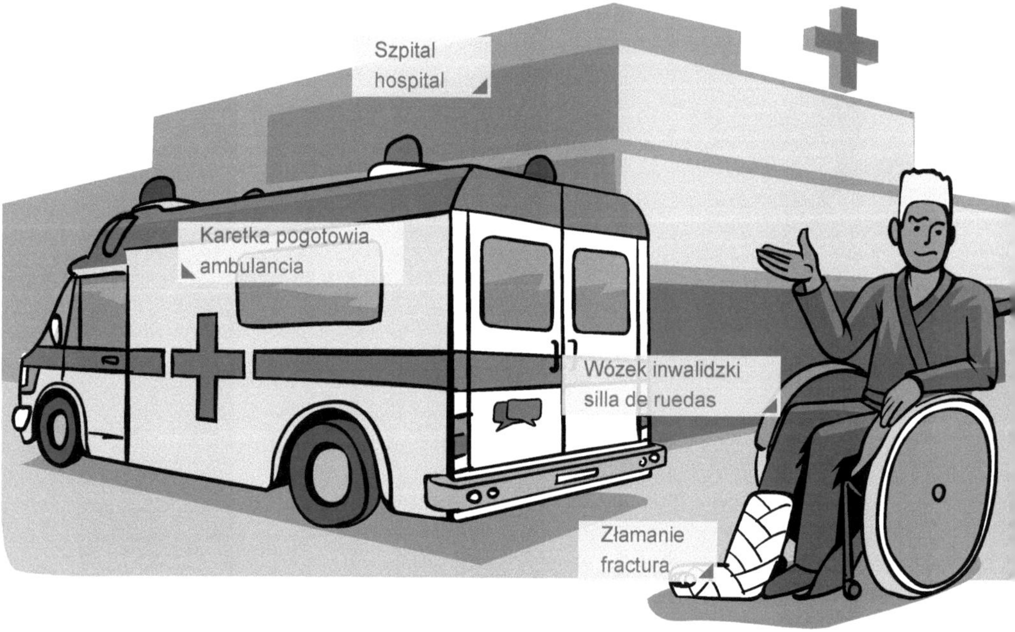

Szpital
hospital
Karetka pogotowia
ambulancia
Wózek inwalidzki
silla de ruedas
Złamanie
fractura

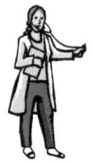

Lekarz
médico

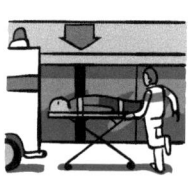

Izba przyjęć
sala de urgencias

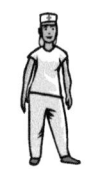

Pielęgniarka
enfermera

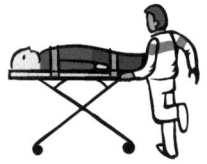

Nagły przypadek
urgencia

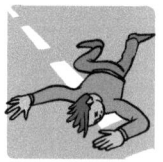

nieprzytomny
inconsciente

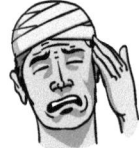

Ból
dolor

Skaleczenie

lesión

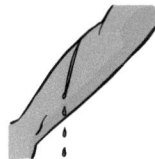

Krwawienie

hemorragia

Zawał serca

infarto

Udar mózgu

ictus

Alergia

alergia

Kaszleć

tos

Gorączka

fiebre

Grypa

gripe

Biegunka

diarrea

Ból głowy

dolor de cabeza

Rak

cáncer

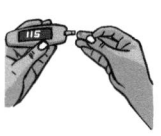

Cukrzyca

diabetes

Chirurg

cirujano

Skalpel

bisturí

Operacja

operación

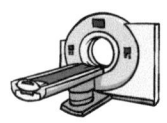

CT
TAC

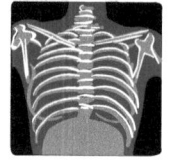

Rentgen
rayos x

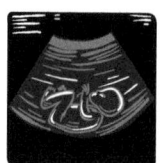

Ultradźwięki
ultrasonido

Maska
mascarilla

Choroba
enfermedad

Poczekalnia
sala de espera

Kula
muleta

Plaster
tirita

Opatrunek
venda

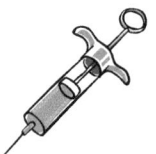

Iniekcja
inyección

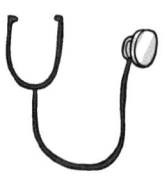

Stetoskop
estetoscopio

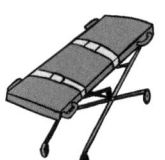

Nosze
camilla

Termometr
termómetro

Poród
nacimiento

Nadwaga
sobrepeso

Aparat słuchowy

audífono

Środek dezynfekcyjny

desinfectante

Infekcja

infección

Wirus

virus

HIV / AIDS

VIH / SIDA

Medycyna

medicina

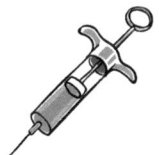

Szczepienie

vacunación

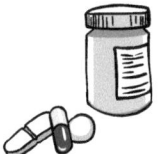

Tabletki

tabletas

Pigułka

pastilla

Telefon ratunkowy

llamada de urgencia

Ciśnieniomierz krwi

tensiómetro

chory / zdrowy

enfermo / sano

Pomocy!

¡Socorro!

Alarm

alarma

Napad

asalto

Atak

ataque

Niebezpieczeństwo

peligro

Wyjście awaryjne

salida de emergencia

Pożar!

¡Fuego!

Gaśnica

extintor de incendios

Wypadek

accidente

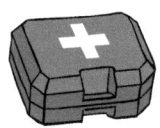

Walizeczka pierwszej pomocy

botiquín de primeros auxilios

SOS

SOS

Policja

policía

Europa

Europa

Ameryka Północna

Norteamérica

Ameryka Południowa

Sudamérica

Afryka

África

Azja

Asia

Australia

Australia

Atlantyk

Atlántico

Pacyfik

Pacífico

Ocean Indyjski

Océano Índico

Ocean Antarktyczny

Océano Antártico

Ocean Arktyczny

Océano Ártico

Biegun północny

polo norte

Biegun południowy

polo sur

Antarktyda

Antártida

Ziemia

tierra

Kraj

tierra

Morze

mar

Wyspa

isla

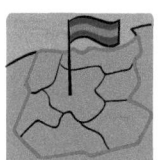

Naród

nación

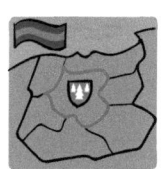

Państwo

estado

Cyferblat

esfera

Wskazówka godzinowa

manecilla de las horas

Wskazówka minutowa

minutero

Wskazówka sekundowa

segundero

Która godzina?

¿Qué hora es?

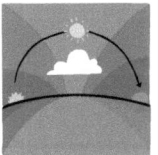

Dzień

día

Czas

tiempo

teraz

ahora

Zegarek digitalny

reloj digital

Minuta

minuto

Godzina

hora

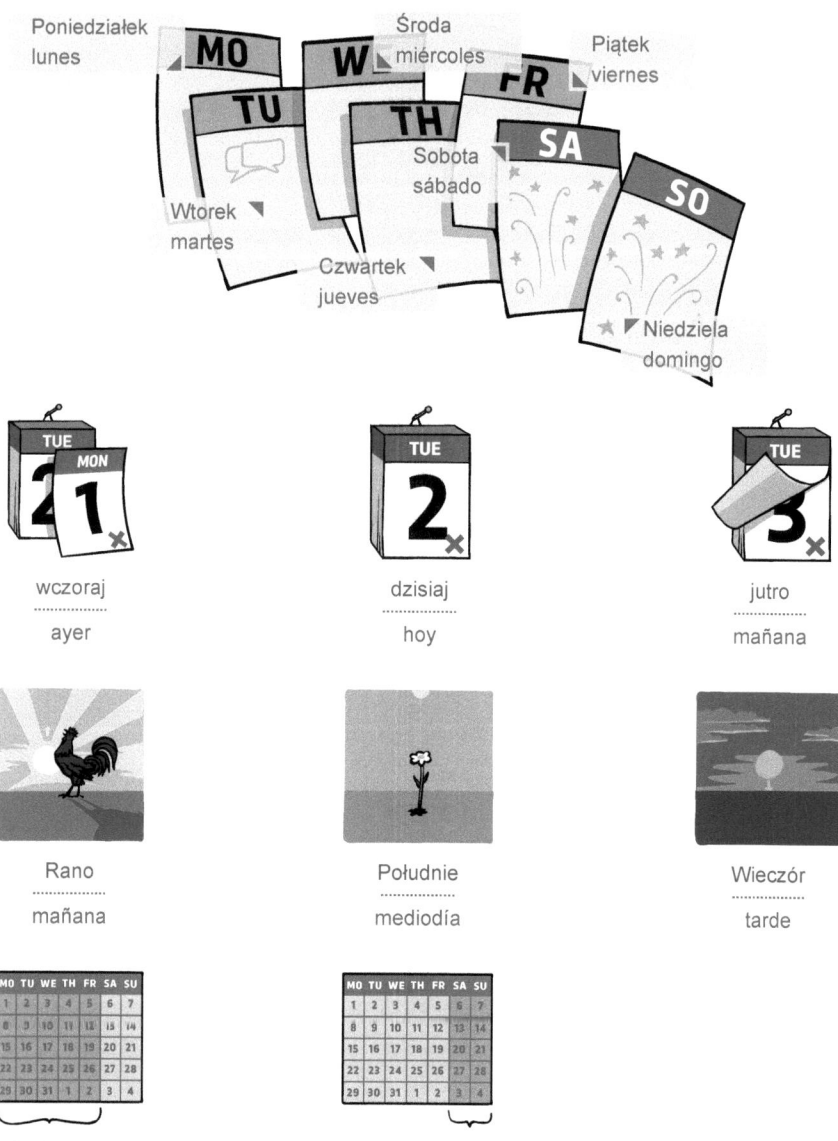

Poniedziałek
lunes

Środa
miércoles

Piątek
viernes

Wtorek
martes

Sobota
sábado

Czwartek
jueves

Niedziela
domingo

wczoraj
ayer

dzisiaj
hoy

jutro
mañana

Rano
mañana

Południe
mediodía

Wieczór
tarde

Dni robocze
días laborables

Weekend
fin de semana

Rok
año

Deszcz
lluvia
Tęcza
arcoíris
Wiatr
viento
Śnieg
nieve
Wiosna
primavera
Jesień
otoño
Lato
verano
Zima
invierno

4.APRIL 11°
5.APRIL 4°
6.APRIL 13°
7.APRIL 8°
8.APRIL 10°

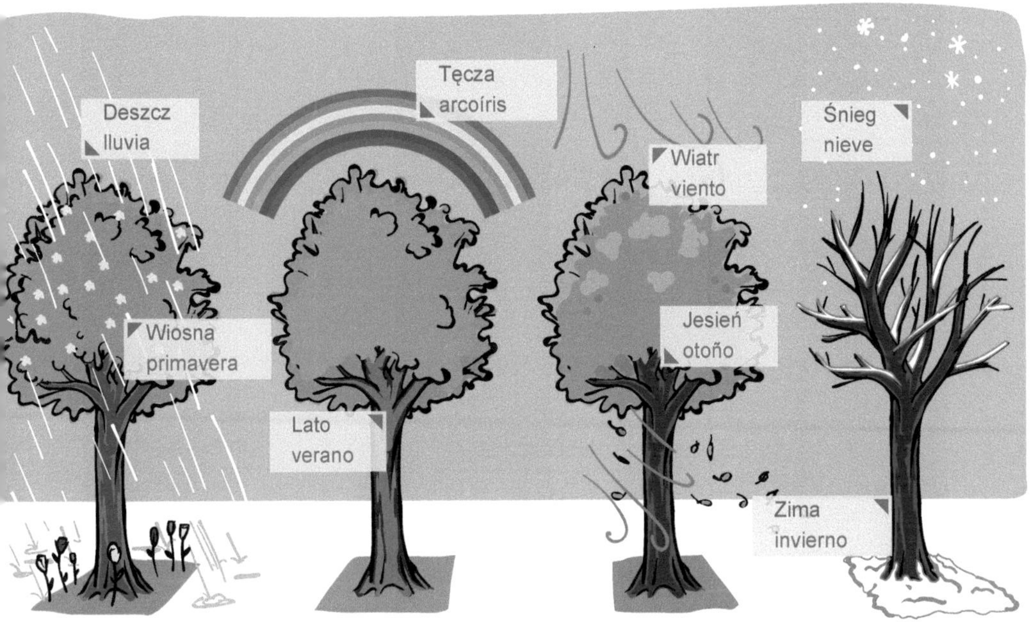

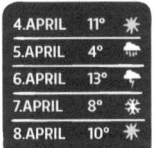

Prognoza pogody
....
pronóstico del tiempo

F C
120 40
90 30
60 20
30 10
0 0
-30 -10
-20

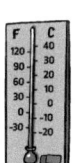

Termometr
....
termómetro

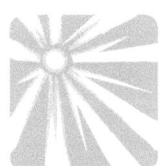

Światło słoneczne
....
sol

Chmura
....
nube

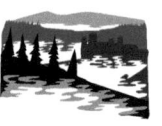

Mgła
....
niebla

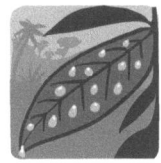

Wilgotność powietrza
....
humedad

Błyskawica

rayo

Grzmot

trueno

Sztorm

tormenta

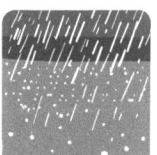

Grad

granizo

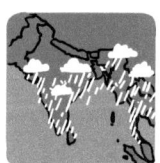

Monsun

monzón

Potop

inundación

Lód

hielo

Styczeń

enero

Luty

febrero

Marzec

marzo

Kwiecień

abril

Maj

mayo

Czerwiec

junio

Lipiec

julio

Sierpień

agosto

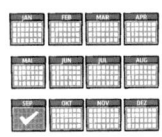

Wrzesień
....
septiembre

Październik
....
octubre

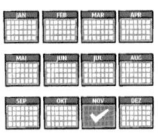

Listopad
....
noviembre

Grudzień
....
diciembre

Kształty
formas

Koło
....
círculo

Kwadrat
....
cuadrado

Prostokąt
....
rectángulo

Trójkąt
....
triángulo

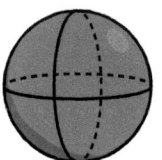

Kula
....
esfera

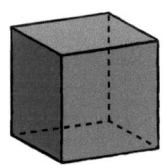

Sześcian
....
cubo

Kolory
colores

biały

blanco

żółty

amarillo

pomarańczowy

anaranjado

różowy

rosa

czerwony

rojo

liliowy

morado

niebieski

azul

zielony

verde

brązowy

marrón

szary

gris

czarny

negro

dużo / mało

mucho / poco

wściekły / spokojny

enojado / tranquilo

piękny / brzydki

bonito / feo

początek / koniec

principio / fin

duży / mały

grande / pequeño

jasny / ciemny

claro / oscuro

brat / siostra

hermano / hermana

czysty / brudny

limpio / sucio

kompletny / niekompletny

completo / incompleto

dzień / noc

día / noche

umarły / żywy

muerto / vivo

szeroki / wąski

ancho / estrecho

jadalny / niejadalny

comestible / no comestible

zły / uprzejmy

malo / amable

podniecony / znudzony

entusiasmado / aburrido

gruby / chudy

gordo / delgado

najpierw / na końcu

primero / último

przyjaciel / wróg

amigo / enemigo

pełen / pusty

lleno / vacío

twardy / miękki

duro / blando

ciężki / lekki

pesado / ligero

głód / pragnienie

hambre / sed

chory / zdrowy

enfermo / sano

nielegalny / legalny

ilegal / legal

inteligentny / głupi

inteligente / tonto

lewo / prawo

izquierda / derecha

bliski / daleki

cerca / lejos

nowy / używany

nuevo / usado

nic / coś

nada / algo

stary / młody

viejo / joven

włącz / wyłącz

encendido / apagado

otwarty / zamknięty

abierto / cerrado

cichy / głośny

silencioso / ruidoso

bogaty / biedny

rico / pobre

prawidłowy / błędny

correcto / incorrecto

chropowaty / gładki

áspero / suave

smutny / szczęśliwy

triste / contento

krótki / długi

corto / largo

powolny / szybki

lento / rápido

mokry/suchy

húmedo / seco

ciepły / chłodny

cálido / frío

wojna / pokój

guerra / paz

0	1	2
zero	jeden	dwa
cero	uno	dos

3	4	5
trzy	cztery	pięć
tres	cuatro	cinco

6	7	8
sześć	siedem	osiem
seis	siete	ocho

9	10	11
dziewięć	dziesięć	jedenaście
nueve	diez	once

12

dwanaście

doce

13

trzynaście

trece

14

czternaście

catorce

15

piętnaście

quince

16

szesnaście

dieciséis

17

siedemnaście

diecisiete

18

osiemnaście

dieciocho

19

dziewiętnaście

diecinueve

20

dwadzieścia

veinte

100

sto

cien

1.000

tysiąc

mil

1.000.000

milion

millón

Angielski

inglés

Angielski amerykański

inglés americano

Chiński mandaryński

chino mandarín

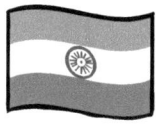

Hindi

hindi

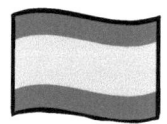

Hiszpański

español

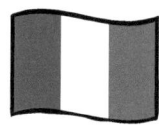

Francuski

francés

Arabski

árabe

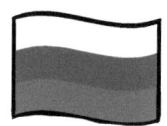

Rosyjski

ruso

Portugalski

portugués

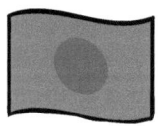

Bengalski

bengalí

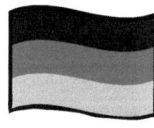

Niemiecki

alemán

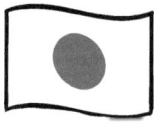

Japoński

japonés

ja
yo

ty
tú

on / ona / ono
él / ella / ello

my
nosotros/as

wy
vosotros/as

oni
ellos/as

kto?
¿quién?

co?
¿qué?

jak?
¿cómo?

gdzie?
¿dónde?

kiedy?
¿cuándo?

Nazwisko
nombre

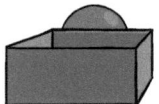

za
....
detrás

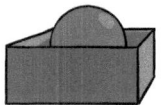

w
....
en

przed
....
delante de

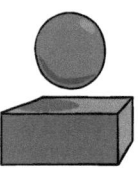

powyżej
....
por encima de

na
....
sobre

pod
....
debajo de

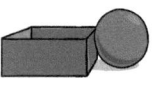

obok
....
junto a

między
....
entre

Miejsce
....
lugar